BEI GRIN MACHT SICH IHR
WISSEN BEZAHLT

- Wir veröffentlichen Ihre Hausarbeit,
  Bachelor- und Masterarbeit

- Ihr eigenes eBook und Buch -
  weltweit in allen wichtigen Shops

- Verdienen Sie an jedem Verkauf

Jetzt bei www.GRIN.com hochladen
und kostenlos publizieren

Bibliografische Information der Deutschen Nationalbibliothek:

Die Deutsche Bibliothek verzeichnet diese Publikation in der Deutschen National-bibliografie; detaillierte bibliografische Daten sind im Internet über http://dnb.d-nb.de/ abrufbar.

Impressum:

Copyright © 2017 GRIN Verlag, Open Publishing GmbH
Druck und Bindung: Books on Demand GmbH, Norderstedt Germany
ISBN: 9783668589483

Dieses Buch bei GRIN:

http://www.grin.com/de/e-book/383032/fitnessoekonomie-jahresabschlussanalyse-controlling-und-kostenrechnung

Simon Kübler

Fitnessökonomie. Jahresabschlussanalyse, Controlling und Kostenrechnung

GRIN Verlag

Deutsche Hochschule für

Prävention und Gesundheitsmanagement

Hermann Neuberger Sportschule 3

66123 Saarbrücken

Einsendeaufgabe

Fachmodul:	Betriebswirtschaftslehre 3
Studiengang:	Fitnessökonomie
Datum Präsenzphase:	09.10.-12.10.2017
Name, Vorname:	Kübler, Simon
Studienort:	**Stuttgart**
Semester:	**Wintersemester 2015**

Inhaltsverzeichnis

1 Jahresabschlussanalyse

1.1 Teilanalysen der Jahresabschlussanalyse

Die Jahresabschlussanalyse erleichtert den Einblick in die Wirtschaftslage des Unternehmens (Vermögens-, Finanz- und Ertragslage). Sie wird durchgeführt, um die Aussagefähigkeit des Jahresabschlusses zu erhöhen. Man unterscheidet dabei die Struktur-, Finanz- und Erfolgsanalyse. Mittels der vereinfacht dargestellten Jahresabschlüsse der XY GmbH, soll jeweils eine Bilanzanalyse für 2015 als auch 2016 durchgeführt werden.

1.1.1 Vertikale Strukturanalyse (Passivseite) für 2015 und 2016

Die Strukturanalyse deckt die Beziehung zwischen den einzelnen Bilanzpositionen auf. Die horizontale Strukturanalyse analysiert die Finanzstruktur eines Unternehmens, die vertikale Strukturanalyse, für diese Aufgabenstellung relevant, die Vermögens- (Aktivseite) bzw. die Kapitalstruktur (Passivseite) eines Unternehmens (Küting & Weber, 2009, S. 118).

$$Eigenkapitalquote = \frac{Eigenkapital}{Gesamtkapital} \times 100$$

$$Eigenkapitalquote\ 2015 = \frac{1.255.800}{2.149.100} \times 100 = 58,43\%$$

$$Eigenkapitalquote\ 2016 = \frac{1.438.000}{2.731.800} \times 100 = 52,64\%$$

$$Fremdkapitalquote = \frac{Fremdkapital}{Gesamtkapital} \times 100$$

$$Fremdkapitalquote\ 2015 = \frac{893.300}{2.149.100} \times 100 = 41,57\%$$

$$Fremdkapitalquote\ 2016 = \frac{1.293.800}{2.731.800} \times 100 = 47,36\%$$

$$Verschuldungsgrad = \frac{\text{Fremdkapital}^{\text{TM}}}{\text{Eigenkapital}} \times 100$$

$$Verschuldungsgrad\ 2015 = \frac{893.300}{1.255.800} \times 100 = 71,13\%$$

$$Verschuldungsgrad\ 2016 = \frac{1.293.800}{1.438.000} \times 100 = 89,97\%$$

Fremdkapital™= Rückstellungen + Verbindlichkeiten → 893.300 (2015)

1.293.800 (2016)

$$Kapitalumschlaghäufigkeit = \frac{\text{Umsatz}}{\text{Gesamtkapital}} \times 100$$

$$Kapitalumschlaghäufigkeit\ 2015 = \frac{3.150.257}{2.149.100} = 1,47$$

$$Kapitalumschlaghäufigkeit\ 2016 = \frac{3.652.369}{2.440.450^{\text{TM}}} = 1,50$$

Gesamtkapital 2016™ = (Umsatzerlöse + Summe Passiva) : 2 = 2.440.450 €

1.1.2 kurzfristige Finanzanalyse für 2015 und 2016

Die Finanzanalyse dient dazu, Aussagen über die Finanzlage des Unternehmens zu treffen (Olfert, 2001, S. 341). Im Folgenden wird zur Lösung der Aufgabe die Liquidität 1. Grades, der Cash-Flow sowie das Working Capital relevant sein.

$$Liquidität\ 1.\ Grades = \frac{\text{Zahlungsmittelbestand}}{\text{kurzfristige Verbindlichkeiten}} \times 100$$

$$Liquidität\ 1.\ Grades\ 2015 = \frac{83.500}{291.000} \times 100 = 28,64\%$$

$$Liquidität\ 1.Grades\ 2016 = \frac{119.100}{360.600} \times 100 = 33,03\%$$

$$Cash - Flow = \text{Gewinn}^{\text{TM}} + \text{Abschreibungen}$$

$$Cash - Flow\ 2015 = 90.750,53 + 72.250 = 163.000,53\ \text{€}$$

$$Cash - Flow\ 2016 = 182.204,93 + 94.360 = 276.564,93\ \text{€}$$

Gewinn™

$$Gesamtkapitalrentabilität\ (GKR) = \frac{\text{Gewinn} + \text{Fremdkaptilzinsen(FKZ)}}{\text{Gesamtkapital (GK)}} \times 100$$

Formel nach Gewinn umstellen:

$$Gewinn = \left(\frac{\text{GKR}}{100} \times \text{GK}\right) - \text{FKZ}^{\text{TM}}$$

$$Gewinn\ 2015 = \left(\frac{5,23}{100} \times 2.149.100\right) - 21647,4 = 90750,53\ \text{€}$$

$$Gewinn\ 2016 = \left(\frac{7,38}{100} \times 2.731.800\right) - 19.401,91 = 182.204,93\ \text{€}$$

$$FKZ^{\text{TM}} = langfristige\ \text{Verbindlichkeiten} \times \text{Fremdkapitalzinssatz}$$
$$FKZ^{\text{TM}}\ 2015 = 496.500 \times 0,0436 = 21647,4\ \text{€}$$
$$FKZ^{\text{TM}}\ 2016 = 832.700 \times 0,0233 = 19.401,91\ \text{€}$$

$$Working\ capital = \text{Umlaufvermögen} - \text{kurzfristige Verbindlichkeiten}$$

$$Working\ capital\ 2015 = 651.400 - 291.500 = 359.900\ \text{€}$$

$$Working\ capital\ 2016 = 662.700 - 360.600 = 302.100\ \text{€}$$

1.1.3 Erfolgsanalyse (Rentabilitätskennzahlen) für 2015 und 2016

Nach Vollmuth ist das primäre Ziel der Erfolgsanalyse die Ermittlung und Beurteilung der Ertragsfähigkeit eines Unternehmens (2001, S. 193). Erfolgsanalysen werden erstellt, um die aktuelle Gewinnsituation zu beurteilen. Nachfolgend werden die Gewinnänderungsrate, die Eigenkapitalrentabilität sowie die Umsatzrentabilität errechnet.

$$Gewinn\ddot{a}nderungsrate = \frac{\text{Gewinn Geschäftsjahr}}{\text{Gewinn Vorjahr}} \times 100$$

$$Gewinn\ddot{a}nderungsrate = \frac{182.204,93}{90.750,53} \times 100 = 200,78\%$$

$$Eigenkapitalrentabilit\ddot{a}t\ (EKR) = \frac{\text{Gewinn}}{\text{Eigenkapital (EK)}} \times 100$$

$$EKR\ 2015 = \frac{90.750,53}{1.255.800} \times 100 = 7,23\ \%$$

$$EKR\ 2016 = \frac{182.204,93}{1.438.000} \times 100 = 12,67\ \%$$

$$Umsatzrentabilit\ddot{a}t\ (UR) = \frac{\text{Gewinn}}{\text{Umsatz}} \times 100$$

$$UR\ 2015 = \frac{90.750,53}{3.150.257} \times 100 = 2,88\ \%$$

$$UR\ 2016 = \frac{182.204,93}{3.652.369} \times 100 = 4,99\ \%$$

1.2 Wirtschaftliche Entwicklung

In beiden Geschäftsjahren, sowohl 2015 als auch 2016 beträgt die Eigenkapitalquote mehr als 50 %. Daraus lässt sich ableiten, dass kein substanzielles Risiko für das Unternehmen vorherrscht. Infolgedessen kann eine hohe Kreditwürdigkeit für Banken und ein geringes Unternehmensrisiko für Aktionäre bei etwaigen Investitionsentscheidungen abgeleitet werden. „Je höher die Eigenkapitalquote, umso höher ist die finanzielle Stabilität des Unternehmens und die Unabhängigkeit gegenüber Fremdkapitalgebern" (Eigenkapitalquote 2009).

Die Fremdkapitalquote veranschaulicht den Anteil des Fremdkapitals am Gesamtkapital eines Unternehmens. Der Nutzen besteht darin, das Kapitalrisiko zu beurteilen. Für 2015 und 2016 liegt die Fremdkapitalquote unter 50 %, demnach ist die Kreditwürdigkeit nicht eingeschränkt.

In den Jahren 2015 und 2016 liegt der Verschuldungsgrad unter 100 %. Dies impliziert, dass Fremdkapital geringer als das Eigenkapital ist. Da der Verschuldungsgrad niedrig ist, besteht für das Unternehmen keine Existenzgefahr. Daraus folgend liegt kein hoher Tax-Shield, also eine Steuerersparnis mittels einer Gewinnreduzierung, vor.

Der Richt- und Normwert der Umschlaghäufigkeit liegt bei 1. In beiden Jahren wird dieser überschritten, was das Unternehmensrisiko senkt und ein adäquates wirtschaftliches Auftreten des Unternehmens beweist (Vollmuth & Zwettler, 2008, S. 85 f.).

Die Liquiditätswerte 2015 sowie 2016 sind statische Werte, die zum Zeitpunkt der Ermittlung bereits veraltet sind. Gewöhnlich liegt dieser bei rund 20 %. Beide Werte befinden sich weit über dem üblichen Wert. Daraus lässt sich schließen, dass es sich um ein gesundes, solides Unternehmen handelt und seinen Zahlungsverpflichtungen für gewöhnlich nachkommen sollte.

In beiden Jahren liegt ein beträchtlicher Cash-flow vor. Das Unternehmen verfügt demnach über eine hohe Finanzkraft (Innenfinanzierungskraft). Es besteht somit die Möglichkeit Verbindlichkeiten und/oder Schulden bei Kreditinstitutionen zu tilgen und aus eigener Kraft Investitionen zu tätigen. Bei dem Unternehmen XY GmbH liegt das Working Capital im Schnitt bei etwa 350.000 €. Nach (Working Capital 2009) kann daraus geschlossen werden, dass sowohl eine gesicherte Liquidität als auch eine hohe Cash-Fähigkeit vorherrscht.

Laut Wehrheim & Schmitz (2005) gilt, je positiver die Umsatzrentabilität, desto erfolgreicher ist das Unternehmen. Bei der XY GmbH fallen die Werte mit 2,88 % und 4,99% unterdurchschnittlich aus (Zielwert: 10%. Jedoch ist dieser Wert stark branchenabhängig). Es ist allerdings anzumerken, dass sich im Geschäftsjahr 2016 bedingt durch eine zunehmende Unternehmensproduktivität die Umsatzrentabilität deutlich verbessert hat.

2 Controlling

„Unter Controlling ist die Summe aller Maßnahmen zu verstehen, die dazu dienen die Führungsbereiche Planung, Kontrolle, Organisation, Personalführung und Information so zu koordinieren, dass die Unternehmensziele optimal erreicht werden" (Wöhe, 2005, S. 218).

2.1 Entwicklung eines Kennzahlensystems

Ein Kennzahlensystem ist eine systematische Verknüpfung von Einzelkennzahlen. Rechensystem bedeutet, dass die einzelnen Kennzahlen rechentechnisch miteinander verknüpft sind. Aufgabe ist es nun, ein Kennzahlensystem über mindestens 14 Kennzahlen für die XY GmbH zu entwickeln. Anschließend wird in der Aufgabe 2.2 das erstellte Kennzahlensystem zu einem Controllsystem erweitert (vgl. Abb. 2, S. 10).

Die Gesamtkapitalrentabilität wird dabei als zentrale Kennzahl verwendet, welche im nachfolgenden Organigramm (vgl. Abb. 1, S. 9) näher dargestellt wird.

Abb. 1: Kennzahlensystem (eigene Darstellung, 2017)

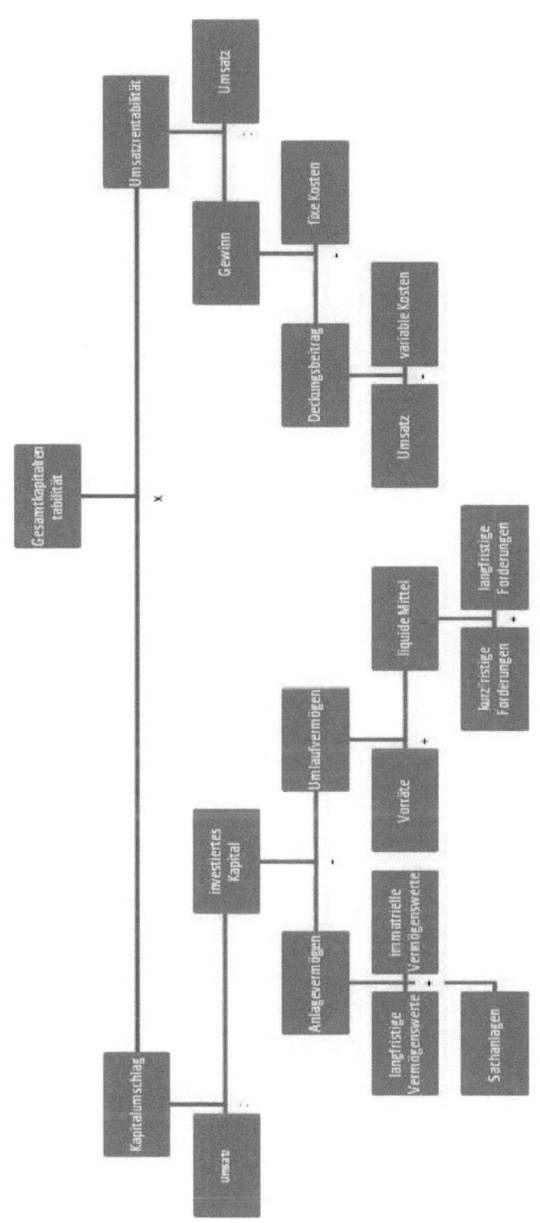

2.2 Entwicklung eines Controllingsystems

Abb. 2: Controllingsystem (eigene Darstellung, 2017)

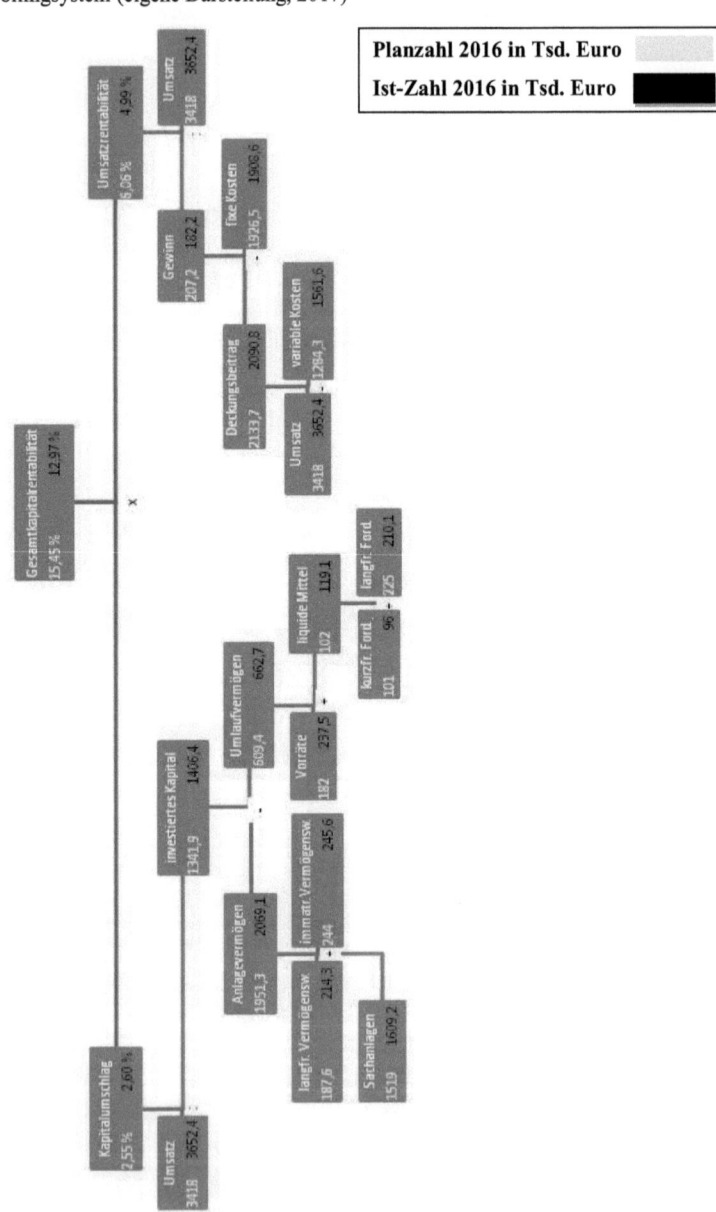

2.3 Interpretation Controllingsystem

Die immateriellen Vermögenswerte wurden angesichts des Verkaufs der Eigenmarke um 2% gesenkt. Sowohl eine Wertsteigerung der Sachanlagen um 40% durch Modernisierungsmaßnahmen, als auch eine Erhöhung der liquiden Mittel um 22,5 % erfolgte zum Jahr 2016. Dies hat positive Konsequenzen für die Sachanlagen und auf das Umlaufvermögen. Eben genannte Indikatoren wirken sich auf die anderen Kennzahlen deutlich aus, da sie ebenfalls einen Großteil des Anlagevermögens beziehungsweise Umlaufvermögen darstellen.

Durch verbesserte Versandmöglichkeiten kann der Vorratsbestand um 10 % reduziert werden. Die langfristigen Vermögenswerte steigen um 15 %. Gestiegene Vermögenswerte sorgen für einen größeren Einkommensstrom. Vermögenswerte erhöhen folglich nicht nur das Vermögen für sich, sondern können auch zu einem erhöhten monatlichen Einkommen führen. Das erhöhte monatliche Einkommen wiederum kann in neue Vermögenswerte fließen. Durch den Zinseszinseffekt baut sich das Vermögen so stetig weiter aus.

Der Gewinn zeigt die verschobene, prozentuale Aufgliederung der variablen Kosten und Fixkosten, was sich wiederum signifikant auf die Berechnung der Umsatzrentabilität auswirkt.

Für 2016 wird eine Umsatzsteigerung von 8,5 % gegenüber dem Vorjahr angenommen (höhere Verkaufspreise, höhere Verkaufsstückzahlen).

Aus dem geschilderten Controllingsystem (vgl. Abb. 2, S. 10) ist abzuleiten, dass die Planungen des Unternehmens mit den Ist-Zahlen lediglich zum Teil realisiert wurden.

Infolgedessen wäre es empfehlenswert, ergebnisorientierte Schritte in die jeweiligen Unternehmensbereiche einzupflegen, um zukünftige Planzahlen tatsächlich zu erreichen.

Ein weiterer Grund das für eine Abweichung sprechen kann, ist ein eingeführtes effektiveres Forderungsmanagement. Forderungen können dadurch zeitnaher eingefordert werden um kurzfristige und langfristige Forderungen zu reduzieren. Desweiteren ist ein höherer Handlungsspielraum gegenüber Lieferanten durch Steigerung der liquiden Mittel möglich.

Für eine weitere Abweichung der Plan- mit den Istzahlen können die Modernisierungsmaßnahmen sprechen, da sie eine Erhöhung der Sachanlagen als Konsequenz mit sich führen.

3   Kostenrechnung

3.1   Zuschlagskalkulation

In folgender Tabelle wird eine Zuschlagkalkulation für eine Fitness Sportuhr aufgeführt.

Tab. 1, Zuschlagkalkulation (eigene Darstellung, 2017)

Bezeichnung	Berechnung	Resultat
Einkaufspreis (brutto)	69,50 € x 1,19	= 82,71 €
Listeneinkaufspreis (netto)		= 69,50
-Rabatt 2,4 %	-(69,50 € x 0,024) =	- 1,67
=Zieleinkaufspreis		= 67,83 €
-Skonto 1 %	-(67,83 € x 0,01) =	- 0,68
=Bareinkaufspreis		= 67,15
+Bezugskosten	+0,75	+ 0,75 €
=Bezugsprei/Einstandspreis		= 67,90
+Handlungskosten 63,14 %	+ (67,90 € x 0,6314) =	+ 42,87 €
=Selbstkosten		= 110,77 €
+Gewinnzuschlag 35,5 %	+ (110,77 € x 0,355) =	+ 39,32 €
=Barverkaufspreis		= 150,09 €
+Kundenskonto 3 %	+ (150,09 € x 0,03) =	+ 4,50 €
=Zielverkaufspreis		= 154,59 €
+Kundenrabatt 4 %	+ (154,59 € x 0,04) =	+ 6,18 €
=Listenverkaufspreis (netto)		=160,77 €
=Verkaufspreis (brutto)	+ (160,77 € x 1,19) =	**= 191,32 €**

Aufgrund der Tabelle (vgl. Tab. 1, S. 11) sollte die Sportuhr der Mittelklasse zu einem Preis von 191,32 Euro an den Kunden veräußert werden.

3.2 Deckungsbeitragsrechnung

Im anschließenden Abschnitt wird der Deckungsbeitrag für eine Laufbandanalyse dargestellt.

Kaufinteressenten 240:

- Tatsächliche Inanspruchnahme der Laufbandanalyse=1/3 aus 240 $\rightarrow$ 80 Personen
- Erwarteter Laufschuhkauf = 70% aus den 80 Personen $\rightarrow$ 56 Personen (diese bekommen 50% der Laufbandanalyse erstattet)

Kosten:

- Provisionszahlung: 56 x 5€ = 280€ / Monat
- Mietkosten (MK): 8900€
- Nebenkosten (NK): 8900€ x 1,05% = 445€ $\rightarrow$ MK + NK = 9345€ / Monat
- Nutzungsfläche 20m²: $\frac{9345€}{1200m^2}$ x 20m² = 155,75€
- Einrichtungsgegenstände: 3850€ (brutto) – 19% = 3235,29€ (netto)
- $\frac{3235,29€}{6}$ = 539,22€ (netto pro Jahr)
- $\frac{539,22€}{12}$ = 44,94€ (netto pro Monat)

Gesamtkosten = 280€ + 155,75€ + 44,94€ $\rightarrow$ <u>480,69€ (variable Kosten)</u>

Nun wird die Anzahl der Personen gesucht, die den vollen Preis bezahlen:

- 56 Personen zahlen den halben Preis, 24 Personen den vollen Preis
- $\frac{56}{2}$ + 24 = 52 Personen

Deckungsbeitrag: $\frac{480,69€}{52}$ = 9,24€ (netto)

= 9,24€ (netto) + 19% (Ust.)

<u>**= 11€**</u>

Demzufolge sollte der Bruttoverkaufspreis 11 Euro pro Person für eine Laufbandanalyse betragen, somit beträgt der Deckungsbeitrag 0,- € und ist nicht negativ.

3.3 Interpretation einer Deckungsbeitragssituation

Grundsätzlich ist die Deckungsbeitragsrechnung ein sehr gut geeignetes Tool um für einzelne Produkte beziehungsweise Produktgruppen den Betrag zu ermitteln, den diese zum Betriebsergebnis beitragen.

Einen Geschäftsbereich während einem laufenden Geschäftsjahr zu schließen, sollte im Vorfeld gut überlegt sein. Der Deckungsbeitrag 1 erschließt sich durch die variablen Kosten einzelner Kostenstellen/-Träger, welche von den Umsatzerlösen abgezogen werden.

Um das Betriebsergebnis zu erhalten, wird der Deckungsbeitrag 2 ermittelt. Es sind die fixen Kosten vom Deckungsbeitrag 1 abzuziehen. Sofern der Deckungsbeitrag nun größer als die Produktfixkosten ist, erzielt das Unternehmen einen Gewinn.

Durch die Trennung eines Unternehmens in mehrere Geschäftsbereiche können weitere Deckungsbeiträge positiv sein. Infolgedessen kann trotz eines negativen Deckungsbeitrag 2 in einer Abteilung das gesamte Geschäftsjahr gewinnbringend abgeschlossen werden. Lediglich wenn der Deckungsbeitrag 1 negativ ist, sollte das Produkt ausgegliedert werden. Sofern der Deckungsbeitrag 1 positiv ist, sollte das Produkt beibehalten werden, denn die Erlöse übersteigen die variablen Kosten.

Jedoch ist Vorsicht geboten: Weitere Gesichtspunkte, die zu analysieren wären, sind:
- ob und wie schnell sich die Produktkosten senken lassen,
- in welcher Phase man sich im Produktlebenszyklus befindet,
- ob eventuell Synergieeffekte zwischen bestimmten Produktgruppen bestehen,
- ob es sich um ein neues Produkt oder eine neue Dienstleistung handelt
- und inwieweit kurzfristig stärkere Marketingaktivitäten Produkt/-Produktgruppen beeinflusst haben könnten.

Sofern diese Abwägungen im Vorfeld nicht berücksichtigt worden sind, wäre eine Aufhebung des Geschäftsbereiches voreilig. Diese Überlegungen müssten folglich für die gestellte Annahme (Deckungsbeitrag 2 negativ, Deckungsbeitrag 1 positiv) geführt werden.

4 Literaturverzeichnis

Controlling-Portal, alles zum Thema Controlling: Working Capital. URL: https://www.controllingportal.de/Fachinfo/Grundlagen/Kennzahlen/working_capital.html: (zuletzt geprüft am 16.10.2017).

Controlling-Portal, alles zum Thema Controlling: Eigenkapitalquote. URL: https://www.controllingportal.de/Fachinfo/Grundlagen/Kennzahlen/eigenkapitalquote.html: (zuletzt geprüft am 16.10.2017).

Küting, K & Weber, C.-P. (2009). *Die Bilanzanalyse. Beurteilung von Abschlüssen nach HGB und IFRS* (9., überarb. Aufl.). Stuttgart: Schäffer-Poeschel.

Olfert, K. (2001). *Investition* (Kompendium der praktischen Betriebswirtschaft, 8., über-arb. und erw. Aufl.). Ludwigshafen (Rhein): Khiel.

Vollmuth, H. J. (2001). *Bilanzen richtig lesen, besser verstehen, optimal gestalten. Bilanzanalyse und Bilanzkritik für die Praxis* (WRS-Betriebspraxis, 4., durchges. und erw. Aufl). Planegg: WRS-Verl.

Wehrheim, M. & Schmitz, T. (2005). *Jahresabschlussanalyse. Instrumente Bilanzpolitik Kennzahlen* (2., überarb. Aufl). Stuttgart: Kohlhammer.

Wöhe, G., (2005). *Einführung in die allgemeine Betriebswirtschaftslehre* (22. Auflage). München: Vahlen.

5   Abbildungs- und Tabellenverzeichnis

5.1   Abbildungsverzeichnis

Abb. 1: Kennzahlensystem (eigene Darstellung, 2017)

Abb. 2: Controllingsystem (eigene Darstellung 2017)

5.2   Tabellenverzeichnis

Tab. 1, Zuschlagkalkulation (eigene Darstellung, 2017)